1

Reisebericht USA – Kanada

....mit Ziel ALASKA

Impressum

© 2019 by   Paul Infanger, Grossmattweg 9, 6044 Udligenswil
paul.infanger@bluewin.ch

Herstellung und Verlag: BoD – Books on Demand, Norderstedt
ISBN: 9783749429523

Fotografie: Paul Infanger

Druck und
Bindung: BoD - BOOKS on DEMAND, GmbH, D-22848 Norderstedt

Paul Infanger

wurde 1941 in Engelberg OW (Schweiz) geboren,
studierte Veterinärmedizin in Bern,
führte von 1972 bis 1995 eine tierärztliche Praxis
und war von 1995 bis 2006 als Kantonstierarzt des Kantons Luzern tätig.
Er ist seit 2006 in Pension.

Dank

- Ich danke meiner Partnerin Erika für ihre Frühpension
  ... so dass diese Reise möglich wurde,
- den Sängerfreunden vom Männerchor Ebikon, dass sie meine lange Abwesenheit
  zuliessen und akzeptierten
- und last but not least allen, die unsere Reise mit Interesse mitverfolgten.

Inhalt

Weisskopfseeadler-Treffen bei Ninilchik (auf Kenai-Halbinsel in Südalaska)

Zur Pension

Fascht zwänzig Jaar bisch gsii im Amt -
Erika - als Kantonstierärzti insgesamt,
bisch gschtande lang in Eer und Würde,
jetz wotsch du wiiter gää die Bürde.

Ich wett en churze Rückblick mache,
über was alls du hesch muesse wache,
aber au es Bitzli vorwärts blicke,
was dier so chönnti Zuekunft schicke.

Ja mängi Süüch hesch duregschtande,
und d-Buure hend ned jedi Wiisig ganz verschtande.
Doch EP, Rinderwaan und BVD,
die tüend ne hütt ja chuum me wee.
Mit Blauzungechrankeimpfig hends gha Müe,
verworfe häigid drum die Chüe.

Bi Salmonelle, IBR und Bruzelloose,
hesch ghandlet rasch uf d-Diagnoose.
Au schtändig bisch gsii uf dr Huet,
wäg Biene mit der fuule oder suure Bruet.
Vogelgrippe, Klauesüüch und Schwiinepescht
hend di aafangs Jaarhundert ziimli gschtresst.

Mit Metzger, Schlachthööf hesch di umegschlage,
mit Kadawersammelschtelle müesse plage.
Hesch daa gluegt für Rächt und Ornig
und tänkt derbii: Mach niemmer zornig!
Doch Gsundheit isch für dich gsii wichtig,
drum hesch dier gseit: Mach ja alls richtig.

Dr Tierschutz - es schpeziells Kapittel,
und s-Thema oft als Ziitigstittel!
Tierhalter wend ned Iisicht haa,
wenn d-Wiisig sii ned chönnt verschtaa.

Maassnaame träffe, Tierverbot,
es schträngs Reschim im Fall vo Noot!
Damits guet gaat dem arme Gschöpf,
muess vill no gaa i gwüssne Chöpf.

Ja und de daa die biissig-böse Hünd
chönd gää zum Chlage viili Gründ.
Ja jede Biss und jedes Chratzä schier
het me müesse mälde doch bi dier.
Und isch s-Tier iigschtuuft de als Gfaar,
hesch Schritt iigleitet, das isch klaar.

Tierversüech – es Päch fürs Tier!
Sie chönnd unsäglich liide schier,
drumm müend ier sii au gnüegend schträng,
und jedi Uflaag füert zu Zwäng,
damits erträglich wird für sii,
am Schluss müend sii sich schicke drii.

Tier wärded importiert i-Masse,
i-jeder Grössi und vo jeder Rasse.
Oni Zügnis, Impfig chömds a Landesgränze,
verursached dett villfachi Turbulänzä.
Schlussändlich glandet sinds bi dier,
hesch müesse luege, dass das importierte Tier
iibürgered worde isch i üsem Land,
bevor es gaat i Bsitzers Hand.

Bi Veeusstellige -
wo d-Chüe uufgschtellt sind wie im Räige,
hesch Sachverschtand go müesse zäige.
Für d-Buure isch das gsii en Eer,
für d-Veezuchtverbänd no umsomeer.
Niem dänkt, s-chönnt sii doch süüche- oder
tierschutzrelewant,
und das grad drum, will zu vill Milch das Uuter schpannt.

Äi Klientel - isch gsii vo bsunderem Inträsse.
Mit denä bisch mit Freud du zäme gsässe.
Und das sind d-Jeger - dett bisch gsii gwoont,
dass duu wirsch mit Applaus beloont.
Vill Wüsse hesch vom Vater ghaa,
au äär hed gschtellt uf dr Jagd de Maa.

Und was me gar ned darf vergässe,
mit de Imker hesch di gärn la mässe.
Will sälber hesch en Grundkurs gmacht,
wäisch duu wies Bienli suecht e Tracht.
Ja daa bi dene winzig chliine Tierli
ischs diir halt gloffe wie am Schnüerli.

Ja und de d-Veehändler - e schpezielli Rasse,
chönd ned nur handle, chönd au jasse.
Hend schiins sälte öppis z-Möögge ghaa,
doch mit Handelsschtuur chönnds nüüt afaa.

Au mit dr ganze Landwirtschaft
und Tierärzt hesch guet zämegschafft.
Du hesch grad so vill Stallgruch ghaa,
wie unbedingt me sötti haa.
Und ooni dää und ooni sii
wär diini Uufgab müesam gsii.

Bim Bund hesch nid vill gha zum Lache,
will äär so vill Verordnige tuet mache,
die unnötig und au bürokratisch sind,
das isch dier gange ned in ...Chopf.
Hesch quer dich gschtellt, auf in den Kampf,
doch schnäll au gmerkt, es isch en Chrampf.

Au d-Schurnis hend dich ghalte rächt uf Traab.
Si hend durchuus e sonderbari Gaab
zum Informiere, über Vorgefallnigs z-prichte,
aber süffig müend si sii die Gschichte.
S-heds gää, hesch gsäit, es git hütt nüüt,
wo chönnti inträssiere d-Lüüt.

Nimms glasse jetzt, die Ziit isch um,
und niemer me fragt dich warum
sii das hend müesse soo, und ned ganz anders
mache.
Beidi Siite chönd jetz hütt über söttig Fraage lache.

Schtell dier vor!
Muesch nümme Wiisige studiere,
muesch käi Verhandlige me füere,
käini Pricht me umformiere, korrigiere
oder Fäll go diskutiere,
nümm delegiere und wisiere.

Schtell dier vor!
Muesch käini Kürs meh absolwiere,
Pauerpoint kreiere oder präsentiere,
nümme Buure, Tierärzt informiere,
nümm landeswiit go referiere,
käi Betrieb mit Süüch saniere,
au nümm a Vorschtänd, Gmeindräät appelliere.

Schtell dier vor!
Muesch nümme Konferänze wisitiere
die au ned me präsidiere;
nümm mit Anwält, Poliitiker korreschpondiere,
käim Poschtulaat, ned Mozioone naaschtudiere,
nümme Vorgesetzti konsultiere,
muesch käis Schpaarprogramm me durefiere,
niieme Profil für Schtellä inseriere.

Schtell dier vor!
Muesch nümm i Schtaab im Fall vo Kriise,
nümm iihole, mache Expertiise,
nümm aatraabe zum Rapport,
undsowiiter und sofort.

Ja s-äini Aug wird müesse lache,
wenn s-andri no wett öpppis mache.
Ich glaub ned, dass dier all das wird fääle,
wenn du am Morge bisch am Schträäle.

Will anders isch i Zuekunft gfragt,
das dier sicher mee behaagt:
Bim Konzärt dich amüsiere,
Theater, Kino frequentiere
oder Vorträäg absolwiere,
a dr Uni Gschicht schtudiere,
es Aanebuech kreiere
oder eifach au nur Meditiere,
Tuure mache und Kämpiere,
Räiseplanig optimiere
oder gar es Buech zensiere.
Oder wänn du willsch im Wald schpaziere,
Welofahre und Flaniere,
nur für Aagnääms Ziit verliere,
nur nid ine Egge schtiere,
lieber es Glas Wii probiere!

So chasch du diine Hobis frööne,
vom Morge bis am Abed chlööne,
du häigsch käi Ziit für all das z-mache,
wo dr vorgnoo hesch, e so vill Sache.

Zum Abschiid hesch du dich entschide
D-Gfüülslag wird drum sii verschide.
Ich schtell mier vor, es isch es Gmisch
vo Freud und Weemuet. Sicher isch,
wennt z-Aarau schüttlisch d-Händ zum Dank,
vergässe isch de jeglich Zank.

Nimms mit Humoor, häb guete Muet,
s-gaaat dier gsundheitlich wirklich guet!
Dass du hörsch amte, das isch klueg.
vom Läbe hesch no lang ned gnueg.

Unser Camper

Abmäldig (bim Männerchor-Presidänt)

Liäbe Walti, liäbi Fründe,
miis Fääle muess ich churz begründe:

Es isch wäg demm, es isch käi Säi ...(ch)
ich flüüge morn übere grosse Täich
und bliibe dett es halbs Jaar fascht,
tue ned nur räise - ich mach au Rascht.

So wird de Kämper üüses Huus,
bim Räise chömmed mier ja druus.
Alaaska, Kaanada, Ameerika
entdeck ich zäme mit dr Erika.

So bliibt für euch halt äifach z-warte
bis iier vo üüs bichömmd e Charte
oder eher ischs dänk wool es Meyl
vo irgendwoo uf üüsne Treyl,
wo drinn chönnt schtaa: Hend Längiziit,
aber häi z-choo ischs halt vill, vill zwiit.

Ich muess euch säge, s-fallt mier schwäär,
jetz voorzschtelle wies so wäär,
mit üüch hütt z-Singe und nachhäär
 i dr Bäiz go Äine z-ziie und z-dänke,
was söll dr Wirt als Nöchschts iischänke.

Ich wünsch üüch vill Erfolg bim Proobe
und ganz en wunderschöne Oobe.
Paul

Im Osten fing es an

In Baltimore, da fing es an,
der Camper kam beizeiten an.
Bevor den Hafen wir verlassen,
gehts mehrmals dann vorbei an Kassen.
Bürokratie auch hier begehrt,
was einem an den Nerven zerrt.

Doch dann gings los, erst in den Städten
wir hatten vor Aktivitäten.
Wahrlich –
An Konsumgut fehlts nicht im Osten,
gar vieles steht bereit zum Posten.

Auch um New York, Manhattan zu erleben,
dafür die Leute alles geben.
Dorthin uns bringt der Greyhound-Bus,
doch weiter geht's für uns zu Fuss.

S-gibt Skylines, Memorials zuhauf,
für all das nimmst du Zeit in Kauf,
für ein Museum oder gar
ne Flussfahrt auch ein paar Dollar.

Und Washington, das Haupt der Städte
ist nicht bekannt als Ruhestätte.
Alles ist gigantisch, mächtig,
um nicht zu sagen gar allmächtig.

Das Capitol, der Suprime Court,
das Weisse Haus, des Trumpes Hort,
die ganz Mall mit Drum und Dran,
fast alles ist ihm untertan.

Doch dann gings nach nordwestwärts bald
durch die Prärie und endlos Wald.
Auf Höhen auch es uns gefiel,
doch Boston war das nächste Ziel.

Das Bier ist gut, das Wasser auch,
ein Gläsel Wein ist hier auch Brauch.
So weiterhin euch wünschen wir
viel Spass beim Gsang und auch beim Bier.

Vom Osten aus Amerika
Grüsst euch Paul und Erika

Vo dr USA nach Kaanada

Ier bichömd hütt vo üüs e wiitere Pricht,
will mier dä üüch schuldid us üüsere Sicht.

Mier hend jetz doch Boostn wiitrüümig umgange,
will Gfaar gross gsii wäär, im Vercheer bliibe z-hange.
I-de-Schtett im Oste isch das ja normal
und d-Schpuur öppe z-wächsle uf acht Baane fatal.

So tüend mier nordweschtlich i Parklandschaft faare,
um dett goge z-luege und gnauer z-erfaare,
wie d-Flora und d-Fauna tüend funktioniiere,
damit mier doch au no vo demm chönd plagiiere.

Mier tüent so unzääligi Treyls absolwiere
und üüs derbii fascht i de Wälder verliere,
hend kämpierd de mäischtens a Leeyks e so prächtig,
und gwerwäised drüber, öb sälb Schtinktier siig trächtig.

No ne Umwääg mier mached is olimpisch 'Lake Placid',
damit mier au d-Nadig und d-Hess ned vergässid.
S-nööchschti Ziil wird für üüs de Montreal sii.
Verwantti go z-bsueche, liid grad no so drii.

Für hütt lönd miers jetz bi dene Värs la bewände,
tüend s-Dichte bi häiterem Himmel beände.

Wiiter us Ameerika
grüessid Paul und d-Erika

Montreal

Z-Kaanada

E Gruess a all die Top-Chorgeschtalter
und a alli, wo singed bis is ganz hööchi Alter!
Ich danke ganz häärzlich für s-nätti Fiidbäck,
so hend doch erfüllt die Värs de dä Zwäck.

Dass dr Männerchoor Äbike schöön tüegi klinge,
tüend d-Schpatze scho lang vom Dach abe singe.
Da sind mier bim Äid es Bitzeli schtolz.
Es sind ja au alli vo ganz guetem Holz.
Wie chönnts anders sii bi dem Tirigänt
und ame sooo angaschiierte Choor-Presidänt!

So wunderets mich need, dass s-Loob gross isch gsii,
wo s-Chile-Konzärt de gsi isch verbii.
De Müettere z-lieb z-singe und sii drmit z-eere,
isch s-Schönscht doch — ich muess üüch da ned cho beleere.
Und ier hend doch das gaar ned wäg em Apero gmacht,
dää aber sicher guet hinder üüch praacht!

Au ich tue vill proobe, ja fascht jede Taag,
ha d-Erika gfraagt, ob sii das au maag.
Es seig ganz okey, und d-Schtimm bliibt so fitt
für s Singe im Choor — das isch doch dr Hitt.

Mier sind vor zää Taag in Kaanada aachoo.
Bruno, s-isch richtig, s-isch chuum öpper doo!
Ämu i dene wiite, gränzelos-ändloose Wälder,
de ggeggete Ächer und riisige Fälder.

Montreal sälber wär wäärt gsii e Räis,
vom 'Mont Royal' uus gseesch d-Schtatt fascht im Chräis.
Hend no näbedraa bsuecht im Dorf 'Saint Eugène'
e-Diierikerpüüri mit samt iirem Klään.

Mier faared verbii a hunderte vo See,
a Wasserfäll, Fluss-Schtrööm - vill Tiier hemmer gsee:
Eichörnli, Vögel, e paar Schtinktier und Ree,
Räbhüener, Schlange, Adler und mee.

Mier sind jetz ganz gäil, dass mier bald wärded schtosse
uf Elch oder Bääre, und zwar uf die grosse.
Au s-Wandere ghöört immer zum Früe-Taageswärk,
diie Treyls chömd üüs glääge i-iirne Steyt Pärk.

'Great Lakes', ja diie sind fascht unvorschtellbar gross,
me chaas fascht ned glaube, dass sii sind salzloos.
Mier faared sit Taage a iine verbii,
und niemer halted da Gschwindigkeit ii.
Öbs Löcher de häig, kümmered chuum öpper gross,
da cha noo so gross sii der Schlaag vo dr Schtrooss.

Winnipeg tüend mier im Momänt grad aapäile.
Es sind nur no öppe e paar hundert Mäile.
Ier ghööred de wider nach äme Ziitli vo üüs,
will jede Taag gseend und erfaared mier Nüüs.

Es grüessed Paul und d-Erika
wiitwäg us Nordameerika

Bei Familie Wicki in Saint Eugène (Ontario)

Verpassti Matuurataagig
(Engelberger Dialekt)

Kolleege mit Fraue mier schickid uich hiiä
ä fröölichi Botschaft, mier vrgässid uich niä.

Iier sind ja bekanntlich z-Ängelbäärg inne
hütt zäme cho ooui i Fründschaft und Minne.
Fuifäfüfzg Jaar tiend zrugg iier jetz tänke,
seygs im Dorf, i de Schpeyssääl oder ou dene Bänke.

Spezialgescht im Chlooschter wärdid ier sey,
und Zeyt wird für uich gaa viu z-schnäll verbey.
Miär wuischid uich allne äs fiiecht-fröölichs Fäscht,
tiend nid vergässe, äs wartet äs Nä … Bett,
friie oder schpaat, mier machid käi Wett.

Am Taag dröüf de gaats nach dr Chile uf s-Brunni.
Miier hoffids für uich, dass äs dett obe sunni.
Iier bringid i dr Hööchi das Fäscht würdig z-Änd,
bevor ier uich tröürig zum Abschied gänd d-Händ.

Mier faarid grad äwäg - vo Winnipeg i Noorde
und glaubid dett z-träffe Tiiär grad i Hoorde.
Mier meinid au fescht, miier wärdid nu schtosse
uf Elch, Wöuf und Bääre, uf Tier die ganz grosse.
Mier sind uis bewusst, dass das sind käi Chiä,
dass sey uis nid frässid, daa gäm-mier uis Miä.

D-Wildnis z-Alaska wird uisers Ziil sey.
Im Yukon mier fischid nu Lachs, das chönnt sey.
Miier wärdid dett obe gu bsüäche vill Pärk,
und s-Wandere ghöört dett zum Friätaageswärk.

Us Kaanada land miier uich häärzlich la griässe,
miends läidr mit uuisäre Abwäsehäit bbiiässe.

Weyt in Nordameerika
sim-mier, dr Paul und d-Erika.

Grizzly im Denali Nationalpark (Alaska)

Manitooba

Es gaat munter wiiter, Koleege dehäime,
mit de gwoonte, bekannte äifache Räime!

Winnipeg isch e quirligi, seer grossi Schtatt,
aber ned dass sii üüs gsetzt hätt grad sofort schachmatt.
Doch die zwee Flüss, wo dett zäme tüend choo,
die zaalriiche Museeä, i diä me cha goo,
die bunte Wirtshüüser und attraktivi 'Skyline',
land sich la gsee, wie-n ich so mein.

Und d-Kulturhüüser hiie sind berüemt und gar gross.
Nur hend mier die gsee vo usse halt bloss.
Als Erschti d-Franzoose hie Pelz sind go handle,
hend schiins au schnäll gwüsst, wie mit dr Uur-Frau
aazbandle.

Aber wichtiger isch hütt hie klaar d-Agronomii,
will d-Schtatt liid mitts drin vo der Giga-Prärii.
D-Hööf sind soo mega, grad gar nüüd isch nööch,
und d-Silo unzäälig, fascht chileturmhööch.

Käi Wunder, die Gägend söll d-Chornchammer sii
vo Kaanada — ja und das Land isch ned chlii.
Faarsch schtundelang kurveloos immer graduus
und trotzdem gseesch chuum e Chnode voruus.

Uf em Land, da faareds mit Drüüräife-Traktoore,
chaschs dier ja tänke, wie schtarch sind d-Motoore!
D-Maschine zum Eggä, zum Achere und Säye,
chönnds am Ändi vo de Fuurche fascht nümme träye.

Sii sind zwänzg, driissg Meter — und das i-dr Bräiti.
'That's not so big', wie me hie säiti.
Klaar d-Fälder, die mässed e soo vill Hektaare,
dass im Auto i äim Taag grad ringsum magsch gfaare.

Chüe, Fleisch und Chorn gids in Hülle und Fülle,
und schtinke tues trotzdem überhaupt nie nach Gülle.
Ja und liäbi Manne, die Fiile vom Rind
sind fascht e so zaart wie im Chrüzbäärg sii sind.

Für üüs isch Edmonten dr nööchschti Fixpunkt.
S-isch nümm grad so wiit, wie üüs das so tunkt.
Mier lönd üüs ned hetze, mier hend ja Ziit gnue,
es bringt üüs so öppis au ned us dr Rue.

Nur wenns de passiert, dass e Masse vo Zäcke
versuecht ganz perfiid, üüs s-Läbe z-verdräcke,
Dee hend sii ned grächnet mit Tiier-Schpezialischte,
süscht hätteds üüs chuum gnoo uf iiri Suug-Lischte.
Und wer chaa de scho dulde so Tierli bigoscht,
wo gierig tüend sueche e bluetegi Choscht.

Soo und ier flotte Sängerkolleege
tüend euch jetz bald churz i-Pause beweege.
Bim Gsang und nachhäär bi Moscht, Bier und Wii,
wird ich i-Gedanke de au bi üüch sii.

Mier ghöred üüs wider, wenn d-Woche-n isch um,
sind gueter Hoffnig, dass nüüd laufi chrumm.
Tänked bim Singe doch immer au draa,
s-gid äifach nüüd Schööners, solang me das chaa!

Drum frooi Grüess us Kaanada,
usser üüs isch kaanä daa!
Häärzlich Paul und Erika

Industrielle Getreidesilos in Manitoba

Zum Geburtstag vom Presidänt

Hüt gälted die Väärs ganz diier, liäbe Walter!
Du wersiierte, bewäärte Toppchoorgeschtalter
bisch halt ned äifach nur en Verwalter!
Ich glaub, das liit a diim ganz junge Alter.

Du hesch hütt Geburtstaag - s-isch dasmal käi runde -
das han ich früehmorgeds im Kaländer dri gfunde.
Doch au wenn du begaasch hüür e käis Jubileeum,
singed mier trotzdem dier es Te Deum!

Mier wünsched dier ganz vo Häärze vill Glück,
jaa und vo demm es mordsgrosses Schtück.
Vill Freud und Humor, e glanzvolle Taag,
voll Überraschige und ganz ohni Chlaag!
Bliib munter und gsund, angaschiert, intressiert,
und alles lauft wiiter wie ggöölet und gschmiert.

Und d-Ursula söll dich so ghöörig verwööne,
und im Dorf möged alli Glogge ertööne.
Mier grüessed euch häärzlich am 'Superior Lake'
und schicked dier virtuell en Geburtstaagskeyk!

Häärzlich, Paul und d-Erika
us em wiite Nordameerika

Schreibstunde

Säskätschwen und Albörta

Wenn Manitooba isch flach gsii wie d-Hand,
so chuntsch in 'Saskatchewan' is riisig Grasland.
Die Provinz isch mit Hügel und Seeä beschtückt.
Das isch dr Natuur hie bsunders guet gglückt.
Mier hend de e ziitlang gsee fascht nur no Chüe,
dr ganz lieblang Taag und am Morge scho früe.

Druuf hend mier dürfaare rächt zügig Albörta.
Jede vo üüch wird dä Name scho ghöört ha.
'Edmonton', d-Hauptschtatt isch äimaalig gläge,
e Bsuech hed sich gloont ganz bsunders drwäge.
Diie Schtatt wird vom-ne tiefe Flusstaal durschnitte,
und ganz viili Brügge tüend zäme sii chitte.

Churz druuf hend sich erschtmaals Bison la zäige.
Gasch z-nööch, tüends gwöönlich uf d-Siite abzwäige.
Nur blööd isch, wenn schtaat zwänzg Meter vor dier
im Wald ganz urplötzlich so ne mächtige Schtier.
Muesch schnäll halt hinder eme Baum go verschwinde.
Wenn Glück hesch, präicht är bim Aagriff nur d-Rinde.

Ja und e Schwarzbäär hed welle Autoschtopp mache.
Dä het üüs de praacht ganz schnäll zum Erwache.
Er het tänkt, er chönnt ja e Faart bi üüs bueche,
doch mier hend iim gseit: Tues bim Nööchschte versueche.

En Fuchs hed im Sinn ghaa, zu üüs z-choo zum Znacht.
Blööd nur, dass är käis Bschteck hed mitpracht,
drum hend mier iim läider au müesse absäge.
Mier hoffed, dass är üüs ned böös isch drwäge.

Hütt gaats de flott wiiter, schön isch der Taag,
d-Räis isch no lang, doch das isch käi Chlaag.
Und usser äme chliine Riss i-dr Schiibe,
isch bishäär im Grüene das Abetüür bliibe.
Mier sind zwar no äinisch im Morascht chli versoffe,
doch d-Rettig isch promt cho, wie am Schnüerli de gloffe.

Uf d- 'Alaska Highway', uf diie hend mier gwartet.
In 'Dawson Creek', dett hed sii de gschtartet.
Das isch in 'British Columbia' doch schoo,
und dee hend mier dr Wääg gäge Yukon zue gnoo.

Ich schliesse hütt mit dene Worte,
wo sicher jeede cha verorte:
'Oft denk ich an das Lied das neue,
wenn Drang und Hast kennt keine Reue,
das Glück kommt dir als Herbergsgast
entgegen schnell bei stiller Rast'.

Mier lönd üüch la grüesse
dr Paul mit dr Süesse!

Bisonherde in Alberta

Im Kreuzberg zu Dagmersellen

So ihr lieben Chorgesellen,
ihr seid heut in Dagmersellen,
vereint in wunderschönem Rahmen
mit euren liebenswerten Damen!

Im Kreuzberg stets am Herrgottstag,
isst jeder doch so viel er mag
von den zarten Filetmocken,
die einen hauen aus den Socken.

Derweil ich denk ein Jahr zurück,
ihr beisst mit Wollust in das Stück.
So habt viel Spass, viel Freud und Gnuss,
fernab von jeglichem Verdruss!

Danket Gott, dass's euch gut geht,
wenn gar noch Wein daneben steht.
Stimmt an ein Lied in unsrem Namen,
damit erfreut ihr eure Damen!

Auf unserm Trip wir an euch denken,
wenn froh wir unsern Camper lenken.
Wir grüssen euch aus weiten Fernen,
der Mond steht hoch im Meer von Sternen.

Tief in Nordamerika
Herzlich, Paul und Erika

Angus Beef

Im Yukon Territory

Ja Yukon Territory muss man sehen,
es ist ein wahres Reservoir
von blauen, grün-smaragden Seen,
worin sich spiegeln Berge klar.

Die Bergwelt wirkt so hehr und weit,
die Landschaft bunt im Lichte liegt,
die Flüsse fliessen sanft und breit,
manchmal wild, oft wie versiegt.

Wälder gibts soweit du schaust,
du fühlst dich drin verloren.
Und falls du dich ins Dickicht traust,
kommst raus wie neu geboren.

Besiedlung siehst du nur noch selten,
alles scheint so menschenleer.
Du fühlst dich wie in andern Welten,
dafür gibts Tiere umso mehr.

Jeder Tag will überraschen,
Grund genug, dass wir sind hier,
mit Fernglas, Linsen in den Taschen,
zu nehmen Tiere ins Visier.

Ein Adler kreist hoch in den Lüften,
die Vogelwelt klingt schrill und laut.
Dem Elch reicht 's Wasser zu den Hüften,
wo er an seiner Nahrung kaut.

Vom Bord her glotzt ein Bighornschaf,
ein Habicht äugt ganz frech vom Baum,
ein Fuchs schleicht sich ins Camp so brav,
dass man ihm traut, er glaubt es kaum.

Trotz frechem Vielfrass, Wolf und Bären
wirds uns nicht ernsthaft angst und bang.
Man tut mit Nachdruck uns erklären,
macht möglichst viel Radau und Klang.

Es kommt auch vor an heissen Tagen,
dass bläst zum Angriff ein Schwarm Mücken,
nicht Grund genug schon zum Verzagen,
Insektenspray zur Not wir zücken.

Die Sonne spät zur Nacht geht unter,
der Tag will kaum mehr enden.
Wir bleiben viel zu lange munter,
statt schlafen — müssen wir uns stetig wenden.

Ein' lieben Gruss, ein Hoch den Sängern,
das gilt auch für den Direktor,
der glänzend probt mit seinen Männern
bis ganz präzise singt der Chor.

Aus dem Yukon Territory
schon wieder die zwei, sorry!

Über das Wetter im Yukon

Ich muss euch heut doch einmal sagen,
was so das Wetter bei uns dreht:
Wir können überhaupt nicht klagen,
wenns nächste Zeit so weiter geht.

Viel' schöne Tage wir genossen,
gar selten es vom Himmel rinnt,
drum glauben wir ganz unverdrossen
dass es uns weiter gut gesinnt.

Doch wechseln tuts gar schier im Takt:
Am Morgen ist es strahlend, grell,
am Mittag zeigt sich, es ist Fakt,
es bleibt nicht bis zum Abend hell.

Schon bald die ersten Wolken ziehn
schnell auf am blauen Himmel hoch.
Zunächst sie an die Berge fliehn,
derweil es hier recht klar ist noch.

Sobald sie sich zusammenballen,
beginnt der Himmel abzudunkeln,
Tropfen in der Ferne fallen,
und Blitze lautlos, zuckend funkeln.

Schnell fegen schwarz fast die Gebilde,
getrieben vom gar wildem Wind
dann über See und die Gefilde,
die bisher nicht betroffen sind.

Doch oft bleibt alles bei Gebärden,
die Wolken schütten fern sich aus,
gar selten tun sie uns gefährden,
und trocken kommen wir nach Haus.

Und schon scheint wieder prall die Sonne,
sie hat gewonnen das Gefecht
und leuchtet wieder hell, oh Wonne!
Das Wetter ist mehr recht als schlecht.

Doch s-Ganze ist euch wohl egal,
ihr seid geschützt im Haus mit Dach
und werweist, ob auch nächstes Mal,
er wieder Vers mit Reimen mach.

Herzlich Paul und Erika,
schön ists doch hier in Kanada!

Am Kluane See (Yukon Territory)

Zentraal-Alaaska

Im Yukon gaats schreeg obsi zue.
Du gseesch hie wiit und bräit käi Chue.
A de 'Northern Rockies' muesch verbii,
und de bisch a dr Gränze glii.

So sind mier uf Alaaska choo
grett hend mier scho lang dervoo.
Alaaska isch ja Grund für d-Räis,
das Land hed Wildnis wie suscht käis.

S-isch gwaltig gross, uf wiiter Schtrecki
liid Wald uusbräitet wie ne Decki.
Flüss und Bäch tüend sii durbräche,
die gönd duur See, wo füreschtäche.
S-hed au vill Moos und hüüfig Moor,
oft wie im Määrli chunnds mier voor.

Gigantisch sind die höchere Tääler,
hättsch diie ned gsee, das wäär e Fääler.
Sii ligged immne Chranz vo Bäärge,
die tüend sich, wie s-schiint, fascht verbäärge
vor dene allerhöchschte Exemplaar,
wo sächstuusig Meter sind es paar.

D-Bäum wärded sältner daa und chliiner,
s-ganzi Gwächs au immer fiiner.
Es gseet jetz schnäll nach Tundra uus,
d-Natuur macht immer s-Beschti druus.

Es isch e Wält wie gemacht für Tier,
und d-Einsamkeit erschlaat di schier.
Für d-Elch und d-Bääre käis Probleem,
sii läbed dett sit ehedeem.

Kojotte, Karibuus sind häimisch,
überläbt hend alli d-Iisziit äinisch.
Chasch au Füchs und Dallschaf gsee,
Hase, 'Mountain-Goats' und mee.

Es git vill Wasser mit vill Chiis
vom viile Schnee, vom Firn und Iis.
D-Bäch flüssed de entschprächend bräit,
und s-Bachbett no für mee beräit.

Du chunntsch is Schtuune a dem Ort,
du findsch käi Wort, wotsch nümme fort.
Du füülsch dich innere andere Wält,
wedr Huus, no Hütte - muesch is Zält.

Ich dänk a üüch, ich ha ja Ziit,
zur Proob z-choo isch es aber zwiit.
Doch niemer vo üüch wundered sich,
dass ich üüch laa au hütt im Schtich.
Ich tue halt daa im Kämper proobe
und wünsche üüch e schööne Oobe.

Vill Grüess jetzt us Aalaska
vom Paul und vo dr Erika

Im Denali Nationalpark (Alaska)

Grussbotschaft
zum Jubilaren-Fest

Oh ihr geehrten Jubilaren,
heut seid ihr die grössten Staren!
Es leben hoch all die mit Runden
in diesen feierlichen Stunden!

Es mög zuteil euch werden Glück,
geniesst es dankbar Stück für Stück!
Jeder Tag soll euch gelingen
und eure Stimm zum Klingen bringen!

Bleibt kerngesund bei frohem Mut,
macht jeden Tag, was euch gut tut,
denn jeder sei in seinem Alter
im eignen Leben sein Gestalter!

So steht ihr da mit freundlich Mienen,
um die Geladnen zu bedienen,
in weinesroten Schürzenroben,
mit stolzem Haupt, so hoch erhoben,
reicht nur das Beste auf den Tisch,
von Speis und Trank ein bunt Gemisch.

Der ganze Chor wird so sich schwingen
in Hochgesang und für euch klingen:
'Es lass zum Wohle fein,
der ewgen Jugend sein!
Singt unsern Jubilaren heut,
auf dass sich jeder mächtig freut'!

Geniesst das Mahl und jeden Tropf,
lang bleibe euch das Fest im Kopf!
Die Gäste es voll Freud verdanken
mit viel Applaus und jedem Franken.

Es singen euch zum Jubiläum
ganz aus der Ferne ein Te Deum
und gratulieren den Geehrten,
die von der Heimat Abgekehrten.

Ein' freundlich Gruss in unserm Namen
dem Chor und allen lieben Damen!
Geniesst des Sommers süssen Duft,
die langen Tag, die warme Luft!

Die Paus tut gut bis im August,
sie schafft fürs Singen neue Lust.
Wir werden weiter dann berichten,
was wir in unsrer Welt verrichten.

Paul und Erika,
tief aus Nordamerika

Uns geht's gut!

Alaska im Süden oder...

Wenn mit Alaska dich willst brüsten,
musst zu den Walen an die Küsten.
Kannst treffen dort auf viele Arten.
Es ist, als tätens auf dich warten.

Siehst Delfine dort, auch Buckelwal,
doch Orcas bleiben erste Wahl,
dann Seelöwen, -Otter, Vogelscharen
Seehunde von den schönsten Paaren.

Die braunen Bären auf Katmai
kannst treffen dort fast Reih an Reih.
Wenn sie beschäftigt sind mit Fischen,
nicht ratsam ists, sich einzumischen.

Am Wasserfall die Schlausten warten,
wo viele Lachs zum Aufsprung starten.
Der Bär zum Fassen nicht zu faul,
wenn einer fliegt direkt zum Maul.

So gibts für alle reichlich Futter
für Alt und Jung mit seiner Mutter.
Und kreuzt er deinen Wanderweg,
so lass ihn vor, und er schaut weg.

Seeadler mit dem weissen Kopf,
sie fliegen nah an unsern Topf.
Siehst in der Luft sie, auf dem Baum,
und auch die Ufer sind ihr Raum.

Sie machen Möwen s-Futter streitig,
der Neid ist aber gegenseitig.
Der Adler frisst für sich vom Besten
und lässt den andern noch die Resten.

Die Gletscherwelt ist riesengross.
Das Ausmass siehst von oben bloss.
Manch Eisfeld bis zum Mehr sich zieht,
dort wo man es dann kalben sieht.

Nur schwindet dieses meterweise
in Sommerwärme still und leise.
So wie das Eis im Mund zergeht,
bis dann der kahle Fels dasteht.

Um Juneau gibts auch Regenwald,
wenn ankommst dort, merkst du das bald.
Es kann dort schütten wochenlang,
dann bist du froh ist s-Camp am Hang.

Doch für uns überlegt die Sonne,
ob sie doch ihren Schlaf, oh Wonne,
abbrechen soll, und wie bestellt
sie dann sich doch zu uns gesellt.

S-Bleib euch die Singesfreud erhalten,
mit der wir s-Leben uns gestalten,
bei frohem Sinn von Tag zu Tag,
so gibts kein Grund für eine Klag.

Liebi Grüess us Aalaska
vom Paul und siinere Erika

Bären an den Brooks Falls auf Katmai (Alaska)

... Süüd-Alaaska

In Süüd-Alaaska muesch mache ne Cheer
a de schönschte Buuchte und Fjorde am Meer.

Wenn dett am Aabe i d-Iisbärge schtierisch,
merksch ned e maal, wie guet dass hütt s-Bier isch.
Du chuntsch au fascht ned derzue a dem z-nippe,
will du wäg der schööne Natuur tuesch uusflippe.

Es hed daa im Süüde doch ganz schmucki Örtli,
schwiirig z-beschriibe nur mit e paar Wörtli.
Und ganz viili Bäärge us em Meer lueged uuse,
wie wenn sii grad chäämed ufe vom Pfuuse.

Es wend hie vill Aabieter en Uusflug verchaufe,
damit sii au möglichscht vill Schiff so chönd taufe.
Und machsch sone Törn, chasch d-Gletscher gsee chalbe,
wenn ned i-dr Kabiine bschtellsch grad en Halbe.

Gseesch se vo obe, so chunntsch fascht vo Sinne,
wie diie sich da windid i-gigantische Rinne.
Sii fliessed de zäme wie es Bündel vo Schlange,
und tüend am Ändi i-s-Meer inehange.

D-Buckelwaal chasch bewundere 'en masse'
und was diie da zäiged isch ganz grossi Klass.
Sii schliessed sich zäme zum de Krill goge z-sueche,
tüend ne siible nach obe und als Maalziit abbueche.

D-Seeotter füüered grad uuf üüs es Tänzli,
diie mit de kuurlige Chöpf und de Schwänzli.
D-Seehünd und d-Seeläue ligged fuul ume,
ich muess luege, dass ich sälber ned Schlaaf überchume.

Vögel chasch gsee i-allne Variante,
viili Exote, aber au die bekannte.
Räyewiis schtönds uf em Fels und tüend warte
uf s-Zäiche, sii sölled zum Schwimme jetz schtarte.

Columbia Gletscher bei Valdez (Alaska)

D-Wisschopfseeadler gseesch ganz us dr Nööchi,
andiri sind uf de Bäum, i dr Hööchi.
Sii gönned käis Bitzli, grad gar nüüd de Mööwe
und kämpfed um fascht jedes Chnöchli wie d-Löwe.

Wenn gaasch goge luege, wie d-Bääre tüend fische,
so söttisch uf käi Fall dich öppe iimische.
Diie Lachs, die springed iine gäg s-Muul,
nur zuschnappe müends, und käine isch z-fuul.

Ja zum Glück hend die Bääre mit de Lachs scho gnueg Fuetter,
dass es langed für alle, au für Jungi mit Muetter.
Damit nüüd de passiert, wenn begägnisch uf em Wääg
am-ne Bäär, muesch äifach uf d-Siite a-d-Schtääg.

Doch näbe de Bääre und en huufe Vulkään
gids Masse vo Fischer und au Kapitään.
So findsch i-de Läde näbscht Suuvenir, Iispickel
en unghüüri Mängi zum Fische Artikel.
Ja alls träit sich hie um Käyak und Fisch,
das ghöört e-so zäme wie ne Schtuel ja zum Tisch.

Ganz im Süüde liid 'Juneau', d-Hauptschtatt vom Schtaat.
Dett schtönd füüf, säggs Schiff zur Chrüüzfaart paraat.
Chasch d-Hauptschtatt erreiche halt nuur uf See,
das gids uf dr Wält suscht gar niene mee.

Sii hend drum mal wölle de Hauptsitz verlege,
nach 'Anchorage' zu dene grosse Schtratege.
E Milliaard hätt das koschtet, s-Volk hed gsäit näi -
noo höcheri Schtüüre wend mier e-käi.

Ich hoffe, ier häiged au hütt Freud am Proobe,
so dass dr Tiräkter Grund hätt zum Loobe.
Das gmeinsame Singe und was nachhäär no chunnt,
hed jedes für sich e wichtige Grund:
Es förderet dr Zämehalt und s-ganz Woolbefinde
und hilft so täglich Problem z-überwinde

So tänked mier in Aalaska,
es grüessed Paul und d-Erika

Vom Camperleben

Ich muss von unserm Camperleben
auch mal etwas von uns geben.
Die Campgrounds sind an prächtig Orten,
kaum zu beschreiben nur mit Worten.

Romantisch, lieblich gar, sie sind
am See, am Fluss, geschützt vor Wind
durch Bäume, die auch Schatten spenden.
Schön ists, den Tag so zu beenden.

Den Abend meist wir läuten ein,
mit einem Glas voll rotem Wein.
Dann wird der Platz schnell eingerichtet,
auf Strom wird nicht gar gern verzichtet.

Recht bald wir schon ans Essen denken,
in Menüplan wir uns versenken.
Wenn spät wir angekommen sind,
machen wir Spaghetti gschwind.

Doch, wenn der Einkauf reich genug,
und wir die Zeit einteilten klug,
ist auch was Grosses angesagt,
ja Fleisch ist dann nicht untersagt.
Bei roter Glut gehts auf den Rost,
Beilag dazu, und ab die Post!

Vom Cabernet dazu ein Schluck,
damit der Abwasch läuft ruckzuck.
Ein süsser Traum kommt stets dazu,
bevor wir gönnen uns die Ruh.

Wir tafeln draussen mit Genuss,
wenns Sonne gibt im Überfluss.
halt drinnen, wenns zu garstig ist
und s-Wetter unsern Wunsch vergisst.

Und hell ists lang, die Nacht kommt spät,
der Himmel kurz mit Stern besät,
weil hier wir stehn so hoch im Norden,
tun arg die Tage überborden.

So sagen wir euch gute Nacht,
wir hoffen, s-hat euch Freud gemacht
am Bierfest, der Gesang und Spass,
wo jeder den Verdruss vergass.

Paul

Abschiid vo Alaaska

Alaaska isch ab hütt also Gschicht,
doch wiiter gaats mit dem Reisepricht,
will mier tänke, ier tüend au hütt da druuf waarte,
dass öppis drhäär chunnt us üüsere Schpaarte.

Mier gönd ned gärn wägg, so schöön isch es gsii,
doch au für üüs tuet halt gälte, dass alls gaat verbii.
Mier nämed so d-Fääri dur d-Insäid Passaasch
samt üüserem Kämper und all dem Bagaasch.

D-Hügel gönd uufe und abe wie d-Wälle,
mached en Buggel und de wiider e-Dälle.
D-Hüüser a-de-n-Uufer, die tüend komplett fääle,
und niemer muess sich wäg Seeabschtänd quääle.

Gseesch äifach nur Wald und Bäärge und Iis,
s-Meer isch derzwüsche, hesch ds-Gfüül, es siig diis.
Es tuet au äi Insle a dr andere uuftauche,
nur schaad, dass s-Chämi vom Schiff so tuet rauche.

I-dr Nacht ischs rächt rumplig, zum Schlaafe vill z-luut,
drum gschpüüret mier lieber dr Wind uf dr Huut.
S-Schiff het no drüümal bi Schtettli aagläit.
Zum Glück — ja ned alli hends Schwanke erträit.

Driissg Schtund übere Tuume het d-Faart öppe tuured,
drwiil hend mier all dene Tiier no naatruured
und dr einmalige Wildnis, dem Wunder Natuur.
Doch was bliibt sind vill Iidrück und ned nume Truur.

Mier sind de schlussändli uf Prinz Ruppert choo
und müend üüs so wider uf d-Kanaadier verloo.
Mier freued üüs chindlich uf die wiiteri Räis,
will üüse Kämper no zäigt käi Verschläis.

Unterdesse tüend ier hütt am Aabe bim Singe
erläbe wie üüchi Schtimme tüend klinge.
Was nachhäär no chunnt, tüends richtig au gniesse,
mier lönd üüch mit folgende Worte la griesse:
'Lasst klingen die Gläser, die Herzen sich freun,
hoch leben die Lieder beim perlenden Wein'!

Us em Weschte vo dem Kaanada, härzlich Paul und
Erika

Inside Passage

Z-Britisch Kolombie und z-Albörta

In Prinz Ruppert sind mier gfaare gäg Oschte,
nachdem mier sind no s-Nötigscht go poschte.
Dr 'Jasper' und 'Banff' sind gsii nööchschti Ziil,
aber zerscht wott no mache en Bäär schnäll en Diil.

Er isch so ganz fräch im Kämp umegschtriiche,
trotzdem är üüs gseet, isch är ned uusgwiiche.
Er möchti, dass miier iim Süesses tüend schänke,
erscht dee würdi äär gäge Wald zue abränke.
Mier hend das ned gmacht, will daas isch verbotte,
und trotzdem hed äär üüs no s-Duzzis aapotte.

'Brithish Columbia, Alberta' sind zum Verliäbe.
Es loont sich derwäge dr Plaan e chli z-schiäbe.
Diie Gäged isch wild, du gseesch jedi Form
vo Bäärge und Gletscher, nüüd fallt i d-Norm.

Die Wält isch grandioos, will d-Flüss sind furioos
mit bräite Bachbett, für d-River famoos.
Und d-Gletscher, die hanged fascht abe is Taal.
chasch gsee vo dene drüü, vier grad uf s-Maal.

Es gid Seeli am Meter, i fascht jeder Sänki,
sii hend alli Farbe, für d-Tier sinds au Tränki.
Sii lüüchted im Türkis, Smaragd oder Blau,
und d-Bäärg und dr Wald drin spiegled sich gnau.

Es hed läider mee Lüüt als dett hätte Platz,
so muesch mängisch nää uf z-Siite en Satz,
damit käi Asiaat so tuet dich vertrampe,
wenn ufe du wotsch bim Viuu Point uf d-Rampe.

Wenn duu so vill Lüüt gseesch wo du wotsch flaniere,
muesch z-erscht goge luege, öb überhaupt chönsch kämpiere.
S-chaa sii, dass nachhäär es paar sind verschwunde,
und duu hesch dr Dichtischtress soo überwunde.

Süüdlicher gseesch wider Farme mit Chüe,
wenn duu die wotsch zelle, so muesch dier gää Müe.
Chuntsch a-riisige Wäide und Fälder verbii.
Jetz muesch du nümm fraage, was isch de Prärii!

Denkt dran, wenn ihr die Reben preist,
derweil die Weinesflasche kreist,
den Hopfen und das Malz verehrt,
was Bier- und Weinemacher ehrt,
wird das die Freundschaft euch vermehren,
was euch wohl niemand will verwehren.

Frohi Grüess us Kaanada,
chasch nümm säge: Kaane daa!

Mount Robson Provincial Park (British Columbia)

Vom Singe

'Singe macht Freud, ja Singe macht Schpass,
alli die singed, säged dier daas'.
Mier kenned das Liied doch in- und usswändig,
will mier die Schtroofe halt singe tüend schtändig.

Und wenn mier so tüend zum e Konzärt de uuträtte,
uf em Määrt, i Häim und dett wos tüend bätte,
so tuet das mängs Härz und Gmüet so erfreue,
dass niemer vo üüs tuet dr Uufwand bereue.

Diie Töön, wo doch üüs us dr Keele tüend dringe,
die mier produzierid so chraftvoll bim Singe,
die tüend durefaare duur d-Huut, jedes Haar,
au wenn das ganz obe tuet fääle fascht gaar.

Ja s-Singe, das gaat dier duur Maarg und duur d-Bäi.
Das chönd mier drum gschpüüre bis mier sind dehäi.
Will all üüsi Chnöche so lang tüend fibriere,
chasch d-Wiirkig vergliiche mit Uusduur träniere.

Bim Singe, da füllt sich mit Luft ja dii Lunge,
nachdem sii hed s-Muul und d-Keele durdrunge.
So tuet das verbessere Durbluetig, dr Schnuff,
und das git dier es super guets Gfüehl obedruuf.

S-Singe tuet diier au s-Hirni verlääse
und d-Plagg soo entfärne wie mit me Bääse,
bliibsch geischtig mee fitt und besser erträäglich,
vor allem, wenn duu gar no üebe tuesch tääglich.

Bim Singe wird s-Glüücks-Hormoon produziert,
zum Woolbefinde ääs nur äggsischtiert.
Es tuet de derzue au no d-Fründschaft erhalte,
und s-ganzi Zämeläbe so riicher geschtalte.

Drum sing überall, im Auto – bim Laufe,
merksch ned, wenn-t no machsch zuesätzlich
e Schlaufe.
Will alls gaat so ring bi häiterem Sinn,
und e Huufe liit doch grad gliichtiitig drin

Ja Singe macht Schpaass, Singe erfreut,
drum hed das no käine vo üüs jee bereut!

Badlands (South Dakota)

Z-Montaana und z-Wäioming

Kaanada händ mier chürzlich verlaa,
so isch jetz halt wider d-USA draa.
Montaana chunnt zerscht, s-gaat immer graduus,
die Fälder, d-Maschine - für ne Chliipuur en Gruus

'Wyoming' nachhäär, isch es chliis Parediis,
me sött das erläbe um gaar jede Priis.
Grad meereri Pärk chasch duu dett go bsueche,
wenn in 'Yellowstone' wotsch, muesch es Jaar
voruus bueche.

Ja ii de Topp Tenn isch präsent die halb Wällt,
und es hed zwenig Plätz, sogaar für es Zällt.
Du chasch dett au chuum no naüme parkiere,
muesch de Schöttelbus nää, für am See go z-flaniere.

D-Amerikaner, die sötted drum langsam verwache
und es paar Kämpingplätz zuesätzlich no mache,
oder äifach halt säge: Lönd üüs i Rue,
und d-Nazionalpärk für üüch, die mache mier zue!

Doch hesch du mal gfunde zum Kämpiere e Platz,
de chasch du nümm säge so alls i-äim Satz.
Hey! Die farbige, formschöne Sinterterasse
und springende Gäisiir söttsch gaar ned verpasse.

Und die Pots, die lüüchted vo gälb bis nach blau,
ja gääbs daa es Beebe, das wääri dr Gau!
Es choched, es pfuused, es schprützt au i d Hööchi,
und niemer darf gaa zu dene i-d-Nööchi.

Es gaased, es rauchned, es gurgled – s-hed gschtunke,
und mier sind so froo gsii, isch dr Bode ned gsunke.
Ja und überall heissts hie „Caution", pass uuf!
Und chuum hesch es gläse, hesch s-Gaas scho im
Schnuuf.

Wapitihirsch ääsed mids uf de Plätz,
wenn dene z-nööch gaasch, de nämds zwee, drüü Sätz.
Aber d-Reeinscher tüend di grad sofort zrächtwiise,
im Fall, dass du söttisch z-vill Muet go bewiise.

Ja und d-Bison tüend äifach i-dr Strass umelaufe,
wie wenn sii dier wetted grad öppis verchaufe.
Sii mached das uusnaamswiis ganz ooni Brumme,
doch uf en Handel iischtiige tüend nur die ganz Tumme.

Im Bighornkänjen, wo chuum öpper kennt,
will alles ja doch zum Gränd Känjen rennt,
schtönd Bighornschaaf a-dr Kante paraat
für en Wideoklips mit mim Fotoapparaat.

Ja 'Wyoming' hed Reeinsche, Wüeschti und See,
Käniens, Wasserfäll, Flüss und no mee.
Me sött ob all demm nur ned d-Bäärgwält vergässe,
au wenn sii sich ned laat mit üüsere la mässe.

So und iier tüend üüch hütt wider mit Singe verwööne
und lobed das Läbe i ganz hööche Tööne.
Fraaiid üüch draa, wenn ier tüend aastoosse
mit de chliinere Glesli oder au mit de grosse!

Paul und d-Erika
grüessed us dr USA

Im Yellowstone National Park (Wyoming)

Süüd-Dakota

Üüsi Räis gaat de wiiter gäg Süd-Dakota zue,
und s-Aug und au s-Oor chömmed gar ned zur Rue.
Doch die Wält und d-Natuur sind e soo schöön erschaffe,
dass üüsi Organ ned schnäll tüend erschlaffe.

D-Black Hills sind e wirkliche Landschaftsgnuss.
Diie goge z-bsueche, daas ischt ein Muss.
Bison begägnisch uf fascht jedem Tritt,
vo morgeds bis abeds ix-mal im Schnitt.

Und wenn duu Präriihünd wotsch fotografiere,
näbscht Antiloppe, Kojotte und andere Tiere,
so bisch du gnau richtig i deer Regioon,
am Schluss kenntsch fascht alli a-iirem Toon.

Die Gägend isch karschtig, waldig und hool,
du füülsch dich perfekt, rundum ischs dier wool.
Chasch, wenn du willsch i-ne Hööli mit Lift.
Pass uuf uf e Chopf, dass dr Fels iin ned trifft.

In 'Rushmore' sind Presidänte i-Fels ine ghaue,
wäär dr Trump au dett obe, wärs schwäär zum
Verdaue.
Wäge Würdi und Eer und Leischtig und Macht
hett me deene dett obe es Dänkmal vermacht.

Wenn nachhäär du faarsch de wiiter nach Oschte,
so chunntsch an-ne Ort, wo du lang wotsch
uuschoschte,
und das sind die Bäädländs - es Natuur-Unikum,
es sind Bäärge us Mergel, und Prärii isch ringsum.

Die Faarbe, die Foorme, die Schiichte, dää Blick!
D-Natuur hed daa gschaffed mit all iirne Trick.
Muesch fascht no e-Ladig Naastüecher chaufe,
will s-Augewasser dier wott überlaufe.

D-Prärii wo de chunnt, - ich ha käini Wort!
Jede Vergliich zerbricht grad sofort.
Wenn duu dette wotsch dr nöchscht Farmer erschpää,
muesch ganz en guete Fäldschtächer nää!
Ja und d-Chüe chasch vo Aug als Pünktli nur gsee,
erscht im Fäärnglas merksch, dass das isch ja Vee.

Und wenn ier de nachhäär no gönd ine Beiz,
so hed doch au daas ganz en bsundere Reiz.
Es passt doch zum Singe wie s-Tüpfli ufs Ii,
es Bier, suure Moscht oder au es Glas Wii.

Vill Grüess vom Paul und dr Erika
uusem Weschte vo Ameerika

Bighorn Canyon (Wyoming)

Schwüle Hitze

S-ist drückend heiss seit dreissig Tagen,
wie lang das dauert, wir uns fragen.
Ja schwer ist doch die Luft versetzt
mit Wasserdampf, der alles netzt.

Es klebt die Kleidung auf der Haut
die so dem Körper Wasser klaut.
Feucht sind Papiere, alle Tücher,
das gleiche gilt für all die Bücher.

Die Wäsche bringst du kaum mehr trocken,
musst schlüpfen in halbfeuchte Socken.
Die Wanderlust nimmt ab, wird minder,
wirst patentierter Schattenfinder.

Im Camper ist es muffig schwül,
gehst nur noch dorthin, wo es kühl,
weil dort ein Ventilator pustet,
und Aggregat kalt Luft aushustet.

Fliehst in den Wald, der Schatten spendet,
bist froh, wenn er fast gar nicht endet.
Doch kommst du raus, fängts vorne an,
die Schwüle fällt erneut dich an.

Rezept das beste wird wohl heissen:
Nur Dusche Kühlung kann verheissen.
Doch - weil dauernd diese nötig ist,
dir das die ganze Zeit weg frisst.

Wann hat die Tropenhitz ein End,
wann kommt der Herbst und bringt die Wend?

Die letzte Rettung ist für viele,
zu beten mit dem frommen Ziele,
dass Regen kommt, der Kühlung bringt.
Ich bin gespannt, ob das gelingt.

Badlands (South Dakota)

Im Mittlere Weschte und Oschte vo dr USA

Wenn über 'Nebraska, Iowa und Illinois' sötsch prichte,
gids soo vill Schpannends zum Räime und Dichte,
dass es füllt die ganz Pause so äifach und schlicht,
doch daas isch ned ganz dr Sinn vo dem Pricht.

Es sind Schtaate, wo ganz grosse Flüss düüre gönd.
Vom Missouri und Mississippi iier so verschtönd,
dass sii ebe bruuched es ganz es bräits Bett,
wie jede vo üüs das au so gärn hett.

Sii fliessed düür riisigs Agrarwirtschaftsland,
ja die Maisfälder chasch ned überblicke vom Rand.
Mit iine tüends füettere iiri Rinder zur Mascht,
damit d-Wirte chönd gää grossi Schtiik de am Gascht.

Au die eiwiiss– und fettriichi Soya, die Boone,
zum Aapflanze tuet sich da wiit ume loone.
Vo beidem wird hie au no Disel vill gmacht,
wie mier das daa hend in Erfaarig no pracht.

Ja und plötzlich, daa chunnts dier doch ganz komisch voor,
dass nümme du muesch so Angscht ha dervoor,
dass im Kämp grad ne Bäär bim Iigang scho schtaat,
wills wunder iin nimmt, wie-n ees dier so gaat.

In Hannibal simmer uf em Mississippi uusgfaare,
nostalgisch, und hend vom 'Mark Twain' vill erfaare.
Dää hebi als Junge i-der Schtatt da schiints gläbt,
alli Hüüser sind drum mit siim Name verchläbt.

'Mississippi, Kentucky, Illinois' zämechömd,
wo dr 'Ohio' ganz bräit em Mississippi zue schtröömt.
Du chasch das beschtuune mit Uussicht vom Tüürmli,
da chuntsch du dier vor wien es ganz chliises Wüürmli.

In 'Tennessee' liit ganz schöön gläge Näschwill,
me macht gaar en Umwääg, will me unbedingt will
is 'Jonny Cash Museum' und 'Country' go loose,
ja und villicht tüends s-Klavier vom Elwis verloose.

I-dem Schtaat sind au 'Great Smoky Mountains' ja glääge,
sii hend üüs empfange mit dr Florenzes Rääge.
Dr Hörikän hed sich i-Küschte verchralled,
und isch drüü Tääg speeter bi üüs de verhallet.

Ja d-Wälder und d-Fälder sind hie einzigaartig,
mier hend sii erkundet mit grosser Erwaartig.
Gfunde hend mier de fascht hundert Aarte
vo Bäum, e-so vill würdsch gaar ned erwaarte.

'Carolina, Virginia' sind ganz am Schluss draa,
über 'Blue Ridge Parkway' de Appalatschezüüg naa.
Die sanftblaue Hügel sind baum- und waldriich,
die turistische Gägend heds drum so in siich.

In Pennsilveinie chönnt d-Räis wider voorne afaa,
mier chönnted ja dett üüse Kämper la schtaa.
Aber üüsi lang Räis gaat jetz halt de z-Änd,
d-Erläbnis und d-Iidrück, die schpräched doch Bänd.

Ja fertig mit Räise, nur dr Fluug muess no glinge,
damit ich i-drüü Woche mit üüch cha go singe.

Ja in Baltimore, da fing es an,
der Camper kam beizeiten an.
Da wird er wieder eingeschifft,
damit er uns in Hamburg trifft.

Usem Oschte vo Ameerika
grüessed Paul und d-Erika

Great Smoky Mountains in den Appalachen

Zurück !

Wenn einer eine Reise tut,
so kann er was erzählen.
Dabei ist nicht die Länge gut,
die Kürze will ich wählen.

Hab viel erlebt und viel gehört,
es gäb ein Buch daraus,

viel Exzellentes, auch was stört,
such wieder s-Glück zuhaus.

Das Singen hab ich oft vermisst
auch das, was folgt darauf.
Doch wies halt so im Leben ist,
oft nimmt man viel in Kauf.

Ich freu mich jetzt, heut hier zu sein,
ich fehlt bei mancher Prob,
verlange deshalb Nachsicht ein,
und warte nicht auf Lob.

Ich hoffe nur die Stimme klingt
nicht schlechter als zuvor,
und so der Einstieg auch gelingt
im Chor und im Tenor.

Ich will das Dichten nun beenden,
was wohl manch einer freut,
weil er jetzt wieder Pause hat
und all die Verse satt.